AF221077

# Köln

## lieben lernen

*Der perfekte Reiseführer für einen unvergessli-
chen Aufenthalt in Köln inkl. Insider-Tipps*

## Ida Neuberg

# ✈ INHALT

# Das erwartet Sie in diesem Buch

Wollten auch Sie schon immer mal die viertgrößte Stadt Deutschlands hautnah erleben? Dann nutzen Sie nun Ihre Chance und erfahren Sie in diesem Buch zahlreiche Tipps und Erfahrungen, die Ihren Aufenthalt zu einem Highlight machen werden. Denn Köln hat zahlreiche Möglichkeiten, den Aufenthalt abwechslungsreich zu gestalten, und bietet für jedermann ein Highlight, das den Städtetrip unvergesslich macht. Denn darum soll es in diesem Buch gehen.

Sie erfahren viele allgemeine Informationen über die Großstadt Köln, die Ihren Aufenthalt erleichtern werden. So sollen Sie beispielsweise darüber informiert werden, in wie viele Stadtteile Köln unterteilt wird oder wie viele Einwohner die Stadt hat. Doch irgendwo muss auch jedermann während seines Aufenthalts unterkommen, daher sind im weiteren Verlauf zusätzlich Möglichkeiten erläutert, die Ihnen bei der Entscheidung über die Unterkunft helfen sollen. Des Weiteren werden Sie typische Spezialitäten von Köln kennenlernen, die Ihrem Aufenthalt das spezielle Etwas geben werden. Um diesen zusätzlich noch zu verbessern, erfahren Sie in diesem Buch Insider-Tipps zu Events oder Attraktionen, die erlebenswert sind. So sollen Sie außerdem Tipps bekommen, was ein Must-do ist, wenn man Köln besucht. Also freuen Sie sich nicht nur auf die typischen Tipps, sondern auch auf saisonale Highlights, die die Stadt zu bieten hat.

Denn erst, nachdem Sie sich mit all diesen Informationen vertraut gemacht haben, können Sie Ihren Aufenthalt zu einem ganz besonderen machen. Unvergessliche Augenblicke in der Großstadt Köln warten nur auf Sie! Also nutzen Sie Ihre Chance und wagen Sie sich auf ein neues Abenteuer!

# KÖLN – Who, what, where

## FIRST THINGS FIRST – DIE ERSTEN INFORMATIONEN

**B**evor Sie die Highlights und Tipps für beispielsweise Sehenswürdigkeiten von Köln kennenlernen, ist es wichtig, erste Informationen über die Stadt zu erfahren. Damit Sie einen Überblick über die Großstadt bekommen und nicht völlig uninformiert anreisen, ist dieser Anfang im Buch sehr wichtig und von Bedeutung.

Kölns Wurzeln liegen weit in der Zeit zurück. Es wurde 38 vor Christus gegründet und ist somit eine über 2.000 Jahre alte Stadt. Allein diese Zahlen sind schon sehr beeindruckend. Stellen wir uns einmal vor, wir wären über 2.000 Jahre alt, müsste man meinen, man hätte nichts Interessantes mehr zu bieten. Doch da macht Köln einen klaren Unterschied. Auch nach so vielen Jahren bietet die Stadt immer neue Dinge. Nach mehrfachen Besuchen entdeckt man immer neue Flecken der Stadt, die man vorher noch nicht gesehen hat. Aber die Stadt erbaut sich auch immer wieder neu, indem es alte Attraktionen erneuert oder renoviert, sodass sie erhalten bleiben können oder modernisiert werden. Somit ist Köln sehr facettenreich und ein Besuch lohnt sich immer wieder.

Dabei hilft auch die Oberbürgermeisterin Henriette Reker. Sie arbeitet tagtäglich für die Bewohner der Domstadt. Damit jeder Besucher und auch Einwohner Köln immer in guter Erinnerung halten kann, gibt es viel Arbeit, die erledigt werden muss. Kein Wunder! Bei über einer Million Einwohner gibt es viele Menschen, die die verschiedensten Ansprüche an ihre Heimat stellen. Und diese Einwohnerzahl steigt stetig an. Mit dieser hohen Zahl zählt Köln außerdem zu der bevölkerungsreichsten Kommune in ganz Nordrhein-Westfalen. Eine bemerkenswerte

Leistung für die einzigartige Großstadt!

Doch was bedeutet eigentlich Großstadt – wie groß ist die Stadt denn wirklich? Insgesamt hat Köln eine Fläche von über 405 Quadratkilometer. Umgerechnet sind das über 56.000 Fußballfelder aneinandergereiht. Hieran wird bereits klar, dass es nicht möglich ist, alle Flecken von Köln mit nur einem Besuch zu sehen. Doch mithilfe dieses Buches werden Sie die wichtigsten Stellen mit Sicherheit kennenlernen! Und wer weiß, vielleicht gefällt es Ihnen so gut in der Domstadt, dass Sie sie schon bald wieder besuchen wollen.

Auf der großen Fläche bietet Köln aber auch viele Bildungsmöglichkeiten. So kann die Stadt sich stolz als größter Bildungs- und Forschungsstandort im Westen Deutschlands bezeichnen. Heutzutage zieht es daher auch viele junge Menschen aufgrund der Bildungsvielfalt permanent nach Köln. Diese junge Generation wird mit Sicherheit auch das Nachtleben in Schwung halten. Aber auch viele große Firmen oder Arbeitgeber mit deren Arbeitnehmern zieht es mehrmals im Jahr nach Köln. Als Messestandort kann sich Köln sehr oft im Jahr über viele Besucher freuen, die nicht nur die Messen besuchen, sondern auch ihr Stadtleben damit näher kennenlernen dürfen und wollen.

## M E N S C H E N   I N   K Ö L N

Sie wissen nun viele allgemeine Informationen über die Stadt Köln. Doch wie sind eigentlich die Menschen, die die Großstadt beleben?

Die Urgesteine Kölns reden in ihrer Mundart „Kölsch". Doch dies soll nicht falsch verstanden werden! Nicht nur alte Personen können Kölsch reden. In Köln ist es allen sehr wichtig, solche Traditionen zu bewahren. Daher haben auch die jungen Menschen das Bedürfnis von zum Beispiel Ihren Eltern oder gar Großeltern Kölsch zu lernen. Als Außenstehender wirkt diese Mundart zuerst sehr amüsant, da sie sich von unserem typischen Hochdeutsch stark unterscheidet. Doch an dieser Stelle sollen Sie gar nicht zu viel über die kölsche Sprache erfahren, denn es ist viel interessanter, diese selbst hautnah zu erleben. Bei Ihrem Besuch ist es daher wichtig, auf die Sprache und Aussprache der Menschen zu achten. Keine Sorge! Dafür müssen Sie keine wildfremden Menschen beobachten, man merkt es bereits zum

Beispiel im Restaurant oder in Geschäften. Also trauen Sie sich und lernen Sie neue Mundarten kennen – und wer weiß, vielleicht können auch Sie nach Ihrem Aufenthalt in Köln das eine oder andere Wort auf Kölsch sprechen.

Auch wird Ihnen schnell auffallen, dass die Kölner nicht nur sprachlich sehr kreativ sind, denn auch in ihrem allgemeinen Verhalten sind sie meist sehr viel offener als Menschen in anderen Großstädten. Natürlich gilt dies nicht pauschal für alle Menschen in Köln, aber auf den Großteil lässt sich diese These wirklich übertragen. Überall wird man meist sehr höflich und herzlich empfangen. Es gibt kaum Vorurteile für den typischen Kölner, denn jedem wird Respekt entgegengebracht. Bei jedem Besuch in Köln wird einem immer wieder bewusst, dass die Kölner eine wirkliche Einheit bilden und gemeinsam für ihre Heimat stehen. Der Heimatstolz wird bei ihnen großgeschrieben, was immer wieder schön zu sehen und wichtig für die Gemeinschaft ist.

## AN- UND ABREISEN

Doch wie kommen Sie nun nach Köln? Eine Frage, die sich mit Sicherheit am Anfang jeder Reise stellt. Diese Frage wird nur in diesem Fall kaum Probleme für Sie darstellen. Köln bietet zahlreiche Anreisemöglichkeiten und auch während Ihres Aufenthalts in Köln kommen sie garantiert immer von Ort zu Ort.

Zum einen gibt es wie fast überall die Möglichkeit, mit dem **Auto** anzureisen. So gibt es zahlreiche Parkhäuser, egal, ob Sie am Kölner Dom, am Neumarkt oder woanders einen Parkplatz für Ihr Auto suchen. Überall bieten sich Ihnen verschiedenste Parkhäuser. Viele Hotels bieten ebenfalls eine eigene Tiefgarage für ihre Gäste an. Somit kann man sich quasi frei entscheiden, ob man lieber in einer Tiefgarage oder beispielsweise in einem normalen Parkhaus parken will. Nun stellt sich natürlich, wie in jeder Großstadt, die lästige Frage, ob es überhaupt freie Parkplätze gibt. Auch dieses Problem löst Köln gekonnt. Auf verschiedenen Internetseiten wird mehrmals am Tag die Info aktualisiert, wie viele freie Plätze es in den jeweiligen Parkhäusern noch gibt. Somit sparen Sie sich ebenfalls unnötige Wege zu bereits gefüllten Parkhäusern und können sich schnelle Alternativen in der Nähe suchen. Zusätzlich zu den Parkhäusern gibt es auch stets normale Parkplätze, die sich Ihnen und Ihrem Auto anbieten. Also nutzen Sie als Tipp die Möglichkeiten, die die Technologie uns heute bietet, und informieren Sie sich, bevor Sie sich auf den Weg in ein Parkhaus machen, ob dieses noch freie Plätze hat, um unnötige Wege zu sparen.

Neben der typischen Anreiseform mit dem Auto gibt es außerdem die Möglichkeit zu **fliegen**. Der Flughafen Köln/Bonn ist ein internationaler Verkehrsflughafen. Von dort aus haben Sie bis zum Kölner Stadtzentrum eine Strecke von circa 12 km vor sich. Verständlich, dass sich diese Zahl zunächst sehr lang und groß anhört, aber keine Sorge, auch von hier aus bieten sich verschiedene Möglichkeiten, weiterzureisen. So ist eine beliebte Methode, die Bahn zu nutzen, die direkt am Flughafen einen Bahnhof hat. Des Weiteren können Sie von Köln aus auch in weiter entfernte Gebiete oder Länder reisen, sowie von diesen Ländern aus auch in die Stadt fliegen. Verschiedene Airlines bieten tagtäglich viele Flüge von Köln aus oder nach Köln an. Hiermit bietet sich also weitere Möglichkeit, in die Domstadt zu reisen oder Sie nach Ihrem gelungenen Aufenthalt zu verlassen.

Des Weiteren können Sie die bereits erwähnte Methode nutzen, mit der **Bahn** zu fahren. Als Beispiel ist hier der Kölner Hauptbahnhof anzuführen. Dieser liegt direkt neben dem Kölner Dom und somit direkt im Stadtzentrum. Daher ist dies auch eine ideale Möglichkeit für eine unkomplizierte Reise. Der Hauptbahnhof hat täglich knapp 1200 An- und Abreisen und ermöglicht trotz der circa 350.000 Reisenden täglich eine angenehme Reise für seine Kunden. Neben dem Kölner Hauptbahnhof gibt es aber natürlich auch weitere Bahnhöfe in ganz Köln. Somit können Sie hier entspannt täglich problemlos von Ort zu Ort kommen.

Zusätzlich hat Köln viele verschiedene **Bus**verbindungen, die Sie während Ihres Aufenthalts nutzen können. Den Bus können Sie des Weiteren nicht nur für die An- oder Abreise verwenden, da die Stadt beispielsweise auch die Möglichkeit anbietet, eine Stadtrundfahrt mit dem Bus zu unternehmen. Solche Fahrten sind besonders empfehlenswert, da man in kurzer Zeit sehr viel sehen kann. Als Tipp: Suchen Sie sich ein Busunternehmen, das Rundfahrten anbietet, bei denen man an allen Stationen aussteigen kann und später wieder weiterfahren kann. Somit kommt man nicht nur schnell an verschiedene Orte, sondern kann selbst nach eigenem Gefallen entscheiden, was man sich detaillierter anschauen will und was beim Vorbeifahren genügt. Wenn Sie sich dann in Ruhe an einem Ort umgeschaut haben, können Sie wieder in einen Bus einsteigen und die Rundfahrt geht weiter. Meistens fahren die Busse in einem 30-Minuten-Takt an jeder Bushaltestelle weiter. Aber dies gilt nicht für alle, da manche Busunternehmen beispielsweise individuelle und andere Zeiten für ihre Gäste anbieten.

Eine weitere Möglichkeit, schnell und unkompliziert von Ort zu Ort zu kommen, ist das altbekannte **Taxi**. Dieses können Sie entweder selbst rufen oder aber zum Beispiel die Rezeption Ihres Hotels ruft Ihnen ein Taxi. Verschiedene Taxiunternehmen bieten auch diverse Apps an, über die Sie bequem ein Taxi an einen gewünschten Ort rufen können. Dabei fährt Sie ein Taxifahrer zu einem gewünschten Ort. Während der Fahrt läuft dann ein Taxameter, das den Weg, den Sie fahren, berechnet. Also bezahlen Sie nach Ankunft die Fahrtkosten beim Fahrer. Bei den Autos handelt es sich meist um Limousinen oder Kombis, allerdings variieren heutzutage die verschiedenen Autos der Taxiunternehmen sehr. Besonders praktisch ist das sogenannte Großraumtaxi. Hier können mehr als fünf Personen Platz nehmen und an diverse Orte fahren. Tipp: Man kann Verkehrswege mit dem Taxi gut mit anderen verbinden. Als Beispiel könnten Sie von Ihrem Hotel zu Fuß zum Musical Dome gehen, aber am späten Abend mit dem Taxi zurück ins Hotel fahren. Also super praktisch und meist nicht allzu teuer.

Doch auch für kurze Strecken oder die liebenden Spaziergänger bietet sich immer die Möglichkeit gut an, sich zum Beispiel ein Fahrrad auszuleihen und damit verschiedene Stellen der Stadt zu erkunden. Somit sind Sie schnell unterwegs, bewegen sich trotzdem in der Natur und können Dinge anders genießen und wahrnehmen als mit anderen Transportmöglichkeiten. Anderenfalls können Sie auch zu Fuß gehen. Dies ist sinnvoll, wenn Sie durch die Innenstadt „bummeln" wollen, da dort die Fahrradfahrt eher erschwert wird. Nebenbei ist das auch die für Sie gesündeste Art sich fortzubewegen, da Sie somit sich und Ihrer Gesundheit etwas Gutes tun, aber auch die Umwelt wird davon profitieren.

Also vergessen Sie alte Ausreden, dass die Anreise oder verschiedene Wege zu kompliziert sind! Köln bietet zahlreiche Möglichkeiten an- und abzureisen, sowie auch während Ihres Aufenthalts von Ort zu Ort zu kommen. Nutzen Sie Ihre Chance und wechseln Sie auch mal zwischen den verschiedenen Angeboten, um Ihren Besuch in Köln möglichst abwechslungsreich zu gestalten.

# Unterkünfte – deine Möglichkeiten

Wer eine Reise nach Köln plant, muss auch irgendwo unterkommen, es sei denn, Sie haben eine eigene Unterkunft oder haben Freunde in der wunderschönen Domstadt, bei denen Sie unterkommen können. Aus diesem Grund werden für Sie nun Möglichkeiten aufgelistet und erklärt, die Ihnen helfen könnten, sich für eine bestimmte Art der Unterkunft zu entscheiden. Dabei werden aber nicht genauere Empfehlungen für zum Beispiel bestimmte Hotels ausgesprochen, da jeder individuelle Ansprüche an seine Unterkunft stellt. Aber die verschiedenen Möglichkeiten werden Ihnen mit Sicherheit dennoch bei Ihrer Entscheidung helfen.

**Hotel** – eine Möglichkeit, Ihren Aufenthalt zu verbringen, ist es, in ein Hotel zu gehen. Hier bekommen Sie verschiedene Serviceleistungen geboten, wie die Zimmerreinigung, eine Rezeption oder zusätzliche Räumlichkeiten wie Fitnessräume, Bars oder Wellnessräume. Bei den meisten Hotels gehört außerdem ein Restaurant dazu, in dem Sie täglich leckere Speisen genießen können. Ein Hotel ist mit Sicherheit eine der Methoden, Ihren Aufenthalt so einfach wie möglich zu gestalten. Denn hier werden Sie rund um die Uhr verpflegt und haben keine eigene Arbeit. In der Domstadt Köln gibt es zahlreiche Hotels, die an dieser Stelle natürlich nicht alle aufgelistet werden können. Dennoch bieten sich auch an unterschiedlichen Orten der Stadt verschiedene Hotels an. Dabei ist die Rede von Hotels, die direkt in der Innenstadt liegen, oder solche, die eher außerhalb des Innenstadt-Trubels liegen. Dabei gibt es Hotels, die mehr Sterne haben oder weniger. Dabei stehen mehr Sterne für eine bessere Verpflegung und Serviceleistung, die in Hotels mit weniger Sternen folglich geringer ausfallen. Also stehen Ihnen hier eine große Auswahl und zahlreiche Möglichkeiten zur Verfügung, um Ihren Aufenthalt in einem Hotel zu verbringen, über die Sie frei entscheiden können und auch sollten, denn jeder hat andere Ansprüche an sein Hotel.

**Jugendherberge** – wie der Name bereits sagt, wohnen hier meist junge Gäste, die für kurze Zeit dort verweilen. Oft verbringen hier auch Schulklassen ihre Klassenfahrt. Hier werden Speisen und Getränke angeboten und meist können die Gäste auch an verschiedenen Freizeitaktivitäten teilnehmen, die von der Herberge organisiert werden. Jugendherbergen sind meist preisgünstiger als Hotels und sind daher besonders für junge Leute, die eine kostengünstige, aber trotzdem gute Unterkunft suchen, sehr attraktiv. Aber auch Familien oder andere Gäste sind hier stets willkommen. Für Besucher der Domstadt bietet sich ein Aufenthalt für Leute in einer Jugendherberge besonders an, die eher viel unterwegs sind und denen eine einfache Unterkunft reicht, ohne große Ansprüche und Angebote, die Sie in einem Hotel bekommen würden. An dieser Stelle soll die Jugendherberge nicht schlecht gemacht werden gegenüber dem Hotel, sondern lediglich ein Vergleich für Sie hergestellt werden.

**Ferienwohnung/Ferienhaus** – als Alternative gibt es außerdem Ferienwohnungen, die eher einem Zuhause gleichen, als einem fremden Hotelzimmer. Denn es handelt sich allgemein um eine möblierte Wohnung oder ein Haus, in dem die Gäste für einen bestimmten Zeitraum leben können. Hier gilt es allerdings zu bedenken, dass Sie hier keine Verpflegung rund um die Uhr gestellt bekommen. Das heißt also, Sie müssen selbst Lebensmittel einkaufen und sich selbst etwas kochen oder vorbereiten. Die andere Möglichkeit dazu ist, in Restaurants oder anderen Locations zu essen. Trotz allem sollten Sie für Nahrung in der Ferienwohnung sorgen, da sie nicht rund um die Uhr etwas bestellen können. Ein Vorteil ist das eher familiäre Gefühl, das sich in einem Ferienhaus oder -wohnung anbietet, da Sie hier allein Zeit mit zum Beispiel Ihrer Familie oder allgemein Ihren Mitreisenden verbringen werden.

**Airbnb** – ein Airbnb heißt ausgeschrieben so viel

wie „Air Bed and Breakfast", also ist es an das Bed and Breakfast-Modell angelehnt. Das genannte Modell bietet Unterkünfte, wie Wohnungen, Häuser oder Gästezimmer, zur Zwischenmiete an. Das bedeutet, dass verschiedene Leute diese Unterkünfte zur Vermietung zur Verfügung stellen. Dann können sich die Gäste diese für ihre individuelle Reisedauer buchen und dort ihren Aufenthalt verbringen. Airbnb ist vor allem in großen Städten sehr vielfältig, also auch in der Domstadt Köln. Dabei ist es ebenfalls eine günstige Alternative zu Hotels oder Ähnlichem und ist zudem in den letzten Jahren sehr beliebt geworden.

**Motel** – Man kann sagen, dass ein Motel in gewisser Weise einem Hotel ähnelt. Allerdings bietet ein Motel oftmals bessere Parkmöglichkeiten und schnellere Verkehrsanbindungen an, da sie zum Beispiel näher an verschiedenen Autobahnauffahrten liegen. Dadurch kommen hier oftmals Berufsreisende gern unter, da es für sie sehr einfach ist, für eine Nacht dort unterzukommen, um am nächsten Tag weiterzureisen. Doch Motels werden auch für Städtetrips gern gebucht, da Sie eine günstige Alternative zum normalen Hotelbetrieb bieten. Vor allem in Köln gibt es zahlreiche Motels, die auch nahe an der Innenstadt liegen und sich somit sehr gut für einen Aufenthalt anbieten.

**Gasthof** – eine kleinere und meist eher abseits gelegene Alternative ist ein Gasthof. Dieser ist eine Kombination aus Restaurant, beziehungsweise Gaststätte, und der Möglichkeit, für mehrere Tage dort zu wohnen. Also werden hier neben dem normalen Essen und Trinken auch Zimmer angeboten. Das Restaurant steht dabei allerdings für jedermann offen. Bei diesem Aufenthalt sollten Sie beachten, dass es in Gasthöfen meist nur wenige Zimmer gibt, also auch wenige Gäste, die sich mit Ihnen dort aufhalten. Ein Vorteil ist aber auch, dass sich meist ein familiäres und willkommenes Gefühl ausbreitet, da sich wenige Besucher dort ein Zimmer buchen können. In Köln selbst gibt es viele Gasthöfe, die außerhalb der Innenstadt liegen, aber auch zahlreiche, die sich direkt dort befinden und somit einen kürzeren Gehweg bis zu bestimmten Sehenswürdigkeiten bieten.

**Pension** – eine Pension ist mit einem Hotel zu vergleichen, allerdings hat diese ein weniger großes Serviceangebot. Hier bekommen Sie Verpflegung und ein Zimmer zur Verfügung, das gereinigt wird.

Daher fehlen meist zusätzliche Räume, wie Wellnessräume oder Räume zum Sport machen. Vor allem in Großstädten gibt es eine große Auswahl an Pensionen, zwischen denen Sie sich entscheiden können. Meist wird hier nur Frühstück angeboten, aber dafür sind die Pensionen durch die einfachere Ausstattung auch meistens günstiger als so manches Hotel.

**Apartment** – Apartments bieten meist das, was eine Ferienwohnung ebenfalls anbietet. Hier gibt es nur öfter keine gesamte Küche, sondern eher eine kleinere Kochnische. Man kann ein Apartment oft mit einer modernen Kleinwohnung vergleichen. Dabei gibt es auch hier verschiedene Angebote, die in unterschiedlichen Preiskategorien angeboten werden. So gibt es kleinere und größere Apartments oder aber auch solche, die von Hotelketten betrieben werden und daher auch Verpflegung anbieten können. Also eine große Auswahl für Sie und Ihre Mitreisenden.

Durch die angeführten Möglichkeiten, wo Sie Ihren Köln-Aufenthalt verbringen können, sollte Ihnen nun bewusst sein, dass es verschiedene Angebote für Sie und Ihre Mitreisenden gibt. Da jeder, wie bereits erwähnt, individuelle Ansprüche hat, sollten Sie sich nun Gedanken machen, was für Sie die beste Unterkunft ist, um Ihren Aufenthalt zu verbringen. Aber Ausreden gibt es bezüglich der Unterkunft mit Sicherheit nicht mehr!

# Tipps und Tricks für Ihren Aufenthalt

## ESSEN – WAS UND WO?

D as Wichtigste bei Reisen ist natürlich – wie soll es auch anders sein – das Essen! Dabei hat jeder Mensch auch hier seinen indivi-duellen Geschmack, der stets erfüllt werden soll. Da es an dieser Stelle schwierig wird, alle Interessen in einem Tipp zu erfüllen, sind im Folgenden verschie-dene Tipps angeführt, die Ihren Aufenthalt mit le-ckerer Verpflegung verschönern. Vielleicht werden Sie während Ihrer Reise nur eine Empfehlung ausprobieren, aber es sind garantiert genug Möglichkeiten aufgezählt, um gutes Essen an mehreren Tagen genießen zu können. Also gut aufgepasst, dann knurrt auch bald kein Magen mehr ...!

1. **Der Italienische-Typ** – heutzutage gibt es kaum Personen, die nicht gern einmal eine leckere Pizza oder ein Nudelgericht essen. Man hat das Gefühl, die italienische Küche gehört schon fast zu unserem Alltag dazu. Daher ist es an dieser Stelle besonders wichtig, eine Empfehlung für eine Pizzeria abzugeben. Mit ihren riesigen Pizzen ist sie mittlerweile sehr bekannt geworden und bereichert somit viele Städte mit ihren Leckereien. Dazu zählt auch Köln. Die Stadt kann sich glücklich schätzen, dass auch sie ein Teil der L'Osteria-Familie sein darf. An über fünf Standorten ist die Pizzeria momentan schon in Köln vertreten. Dies zeigt doch bereits, wie gut die Küche dort sein muss! Persönliche Erfahrungen sollen an dieser Stelle auch noch erzählt werden: In der genannten Pizzeria gibt es garantiert Pizzen, die über den Tellerrand herausgucken werden. Aber keine Angst! Für den kleinen Hunger gibt es auch kleinere Portionen. Dabei werden die Pizzen stets frisch belegt, ein persönliches Highlight hier ist es, dem

Pizzabäcker hinter einer Schutzscheibe live zuzugucken, wie die eigene Pizza ausgerollt und anschließend belegt wird. Die Pizza hat einen dünnen und sehr leckeren Boden und man kann seine Pizza auch individuell belegen lassen! Aber auch Nudelgerichte oder Salate finden in der L'Osteria ihren Platz. Hier findet sich garantiert für jeden Typen etwas. Damit ist Ihnen die italienische Küche für Ihren Aufenthalt in Köln schon einmal gesichert, denn hier findet wirklich jeder eine Leckerei.

2. **Der Burger-Typ** – wer geht nicht gern ins Glück? Vor allem mit dem letzten Wort „Glück" lockt das nächste Restaurant seine Feinschmecker. Bei *Hans im Glück* werden Sie mit Sicherheit nicht verhungern oder verdursten. Der Burger-Laden ist in den Jahren sehr gewachsen und auch ein Teil der Kölner Stadt geworden. Täglich werden hier zahlreiche Gäste begrüßt, die glücklich bedient werden. Dabei steht das Glück im Vordergrund, denn jeder Kunde soll das Restaurant zufrieden verlassen. Daher bietet vor allem die Karte viele verschiedene Burger an. Auch hier kann man sich quasi seinen Burger selbst zusammenstellen, also ist garantiert für jeden etwas dabei. Zusätzlich wirbt der Burger-Laden mit vielen

leckeren Getränken, die einen normalen Softdrink vom Geschmack her schnell überbieten. So werden die gemeinten Getränke beispielsweise mit frischen Minze-Blättern hergerichtet und bekommen dadurch eine besonders erfrischende Note. Aber auch hier gilt, jeder Mensch hat einen anderen Geschmack, also seien Sie mutig und finden sie hier Ihr eigenes Glück!

3. **Typisch Kölsch-Typ** – für diesen Typen gehört das Brauhaus bei jedem Aufenthalt dazu. Wer kennt sie nicht, die klassischen Brauhäuser in München. Doch was München kann, kann Köln schon lange! Auch in Köln können Sie sich an einer Vielzahl an Brauhäusern erfreuen. Hier gibt es dann nicht nur ein Maß Bier, sondern ein typisches Kölsch. Ein Kölsch ist ein Bier, das in einem hohen, schlanken Kölsch-Glas serviert wird. Ein weiteres Highlight in den Brauhäusern sind die Kellner. Sie werden in Köln „Köbes" genannt. Oft sieht man sie mit einem „Kölsch-Kranz" durch das Brauhaus laufen. Damit können die Kellner möglichst viele Kölsch gleichzeitig an die Kunden liefern. Also ein absolutes Musthave bei einem Köln Besuch! Das Essen ist meist traditionell. Besonders beliebte Gerichte sind meist die

Schweinshaxe oder ein halber Hahn. Aber auch hier gilt – für den kleinen Hunger oder Vegetarier gibt es natürlich auch leckere Alternativen! Also machen Sie sich auf den Weg in das nächstgelegene Brauhaus und genießen ein frisch gezapftes Kölsch oder ein leckeres Gericht Ihrer Wahl, das Ihnen von Ihrem Köbes gebracht wird.

4. **Der Selbstversorger-Typ** – Sie sind kein Restaurant-Fan und kochen sich lieber selbst typisch-regionale Gerichte oder Ihr eigenes Lieblingsessen? Kein Problem! In einem Appartement oder Ähnlichem, wo sie eine eigene Küche zur Verfügung haben, stehen Ihnen alle Wege offen, alles zu kochen, was sie wollen. Doch wo kommen die Lebensmittel her? Richtig! Wie Sie es vermutlich vermuten, bietet Köln als Großstadt diverse Lebensmittelgeschäfte oder auch Frischmärkte. Hier ergeben sich für Sie zahlreiche Möglichkeiten, Ihr Essen zu Hause zu einem Highlight zu machen. Also auf geht's, denn hier sind Ihre eigenen Kochfähigkeiten gefragt!

5. **Der süße Typ** – Sie sind eher auf der Suche nach einer Kleinigkeit, damit der etwas kleinere Hunger oder einfach nur die Gelüste auf etwas Süßes gestillt werden? Dann finden Sie bei Royal Donuts alles, was

das Herz begehrt! Aus persönlichen Erfahrungen kann man diesen Donut-Laden nur weiterempfehlen! Der Laden wurde in den letzten Jahren immer bekannter und begeistert tagtäglich viele neue Fans mit seinen Spezialitäten. Hier können Sie nicht nur vor Ort frische Donuts genießen, sondern auch ganz bequem nach Hause bestellen. Und sind wir mal ehrlich, gibt es etwas Schöneres, als nach Hause zu kommen und die Donuts stehen quasi dort und warten auf einen? Mit viel Auswahl und der Frische der Produkte sticht Royal Donuts aus der Menge hervor. Selbst gemachte Donuts sind ihre Spezialität und das stellen Sie tagtäglich erneut unter Beweis. Doch nicht nur das ist besonders. Sie können sich auch Ihren Donut individuell zusammenstellen. Außerdem sind die Produkte vegan, also ist das wirklich eine exklusive Chance, einen besonderen Donut zu genießen. Also wenn Sie bequem durch die Innenstadt schlendern, machen Sie definitiv einen kurzen Abstecher bei Royal Donuts und kommen Sie in den Genuss der Leckereien. Ein Highlight, das mit Sicherheit in Erinnerung bleiben wird.

# TIPPS FÜR EINEN GELUNGENEN AUFENTHALT

**Kölner Dom** – Zu einem gelungenen Aufenthalt zählt für jeden Besucher in Köln der Besuch des Kölner Doms. Jeder der die Großstadt besucht, muss wenigstens einmal den Kölner Dom auch von innen bestaunt haben. Man sollte wissen, dass es sich um eine römisch-katholische Kirche handelt. Der Dom zählt zu den größten Kathedralen im gotischen Baustil und hatte eine Bauzeit von insgesamt über 600 Jahren. Diese beeindruckenden Zahlen zeigen sich bereits beim ersten Anblick des Doms. Aus eigener Erfahrung ist zu sagen, dass der Kölner Dom ein wahnsinniger Bau ist, vor dem man immer wieder mit Bewunderung stehen bleiben muss. Auch aus weiterer Entfernung ragt er über die meisten Häuser der Domstadt hinaus. Die Bewunderung zeigt sich auch daran, dass der Dom seit 1996 zum UNESCO-Weltkulturerbe und den meistbesuchten Sehenswürdigkeiten in ganz Deutschland zählt. Es besteht die Möglichkeit, ihn von innen zu begutachten. Also wagen Sie einen Schritt in den Dom, auch wenn Sie normalerweise eventuell weniger Interesse an der Kirche haben, denn von innen werden Sie trotz allem sehr beeindruckt sein. Neben einem eigenen, privaten Rundgang bietet der Dom natürlich auch professionelle Führungen an, die Sie bei Ihrem Aufenthalt dazubuchen können. Ein besonderer Tipp an dieser Stelle ist, eine Turmbesteigung zu buchen. Für wenig Geld können Sie die Treppen zum Turm des Doms hinaufsteigen und einen gigantischen Ausblick über die Kölner Innenstadt genießen. Aus persönlicher Erfahrung kann man sagen, dass das Treppensteigen auf Dauer anstrengend werden wird, aber jeder Schritt wird es definitiv wert sein. Nutzen Sie also die einmalige Möglichkeit und sehen Sie Köln und den Dom von einer völlig anderen Seite.

**Spaziergang am Rhein** – für jeden echten Köln-Besucher zählt natürlich auch ein Spaziergang am Rhein dazu. Der Fluss erreicht die Stadt bei Godorf und verlässt sie bei Worringen. Man kann bei einem Spaziergang auch immer den aktuellen Wasserstand an speziellen Uhren, die am Rheinufer angebracht sind, ablesen. Auch der Rhein kämpft ab und zu mit Hochwasser oder Niedrigwasser, doch allgemein kann man sagen, dass die Kölner all dies gut im Griff haben. Also nehmen Sie sich auf jeden Fall während Ihres Aufenthalts die Zeit und gehen Sie an den

Rhein. Der Rhein ist fußläufig zum Beispiel aus der Innenstadt sehr gut zu erreichen und dient somit auch als kurze Ablenkung zum eher gestressten Innenstadttrubel. Der Rhein dient auch für die Bewohner der Stadt als Ruhepause und einen Ausflug in die Natur. Besonders im Sommer sieht man viele Menschen am Rheinufer, die die Natur genießen und hier aus dem stressigen Alltag entfliehen können. Dort kann man eine besondere Atmosphäre genießen. Auch im Sommer bieten sich besonders gut Picknicks an, die auf einer Wiese am Rhein mit Freunden gemacht werden können.

**Schokoladen-Museum** – eine gute Alternative zu eher eintönigen Museumsaufenthalten, die vor allem für viele Kinder oftmals schnell langweilig werden, ist das Schokoladen-Museum in Köln. Das Museum befindet sich auf einer Halbinsel im Rheinauhafen und ist ein kulturgeschichtliches Spezialmuseum. Hier können Sie zahlreiche Informationen zur heutigen Schokoladenproduktion erfahren und auch Neues über die Geschichte der Schokolade lernen. Ein weiterer Tipp: Wenn man lieb fragt, kann man vor Ort einige Leckereien kostenlos testen und sich von diesen begeistern lassen. Die Mitarbeiter vor Ort stehen ebenfalls bei Fragen gern zur Verfügung und erklären weitere Prozesse an beispielsweise verschiedenen Maschinen zur Produktion von Schokolade. Also seien Sie nicht schüchtern und lassen Sie sich von zusätzlichen Informationen begeistern. Auch nach Ihrem Aufenthalt im Museum besteht die Möglichkeit, im Schokoladen-Shop einige Leckereien für wenig Geld zu erwerben. Besonders für Kinder oder Jugendliche entsteht hier meist Begeisterung gegenüber Museen, was die Eltern mit Sicherheit auch erfreut. Ein persönliches Highlight eines Köln-Aufenthalts, der noch lange in Erinnerung bleiben wird und somit wirklich weiterzuempfehlen ist.

**Shopping-Tour** – zu einem typischen Städtetrip gehört natürlich – wie überall – eine Shopping-Tour dazu. Die Kölner Innenstadt begeistert schon viele Jahre lang die Besucher mit einer großen Auswahl an Geschäften. Was auch immer Sie suchen, hier werden Sie mit Sicherheit fündig. Hier bieten sich für viel und wenig Geld zahlreiche Möglichkeiten, ein Outfit zusammenzustellen. Neben eher teureren Geschäften, wie zum Beispiel Louis Vuitton, gibt es auch andere Geschäfte, wie Esprit oder Forever 21.

Ein besonderer Tipp ist Peek & Cloppenburg in Köln. Dieser bietet über mehrere Etagen eine riesige Auswahl an Klamotten, Schuhen, Taschen, usw. Auch Abendkleider finden Sie hier in einer besonders großen Auswahl. Quasi gegenüber befindet sich außerdem ein großer SportScheck-Laden. Für Sport-Fans finden Sie hier zu allen Sportaktivitäten die richtige Ausstattung. Aber gehen Sie nicht nur durch die typische Shopping-Straße, denn meistens verstecken sich in den kleinen Nebenstraßen ebenfalls viele eher kleinere Läden, die wunderschöne Dinge anbieten. Also halten Sie die Augen offen und bummeln Sie durch die schöne Kölner Innenstadt – und wer weiß, vielleicht fahren auch Sie mit gefüllten Taschen wieder nach Hause. Die genannten Geschäfte sollen an dieser Stelle lediglich als Beispiel dienen, denn es gibt natürlich noch sehr viele andere Geschäfte, die großartige und wunderschöne Klamotten, Schuhe oder Ähnliches anbieten.

**Kölner Zoo** – eine wunderbare Idee für einen schönen Tagesausflug ist der Kölner Zoo. Mit einer Fläche von 20 Hektar begeistert er bereits seit 1860 Millionen jährlich viele Gäste. Der Kölner Zoo kümmert sich um über 11.000 Individuen, die sich wiederum in über 800 Tierarten unterteilen. Also eine große Artenvielfalt, die Sie hier bestaunen können. Besonders mit Kindern lohnt sich ein Ausflug in den Zoo, da die Kinder hier auch vieles Neues lernen können. Aber auch für Erwachsene hat der Zoo viel zu bieten. Tipp: Erwerben Sie am besten die Eintrittskarte im Vorverkauf, also online, da Sie bei der Buchung einen Fahrausweis für den öffentlichen Nahverkehr inklusive mitbekommen. Sie sparen sich also zusätzliche Kosten und vereinfachen Ihre Anreise. Der Kölner Zoo bietet zudem die Möglichkeit, verschiedene Events selbst dort zu veranstalten. Dazu zählen beispielsweise Firmen-Events oder Kindergeburtstage. Auf der Internetseite des Kölner Zoos können Sie dazu mehrere Informationen bekommen. Bei einem Ferienaufenthalt bietet der Zoo zusätzlich für Kinder und Jugendliche ein Ferienprogramm, in dem man den Zoo näher kennenlernen kann. Keine Angst! Natürlich ist auch für Ihre Verpflegung gesorgt. So beinhaltet der Kölner Zoo eine Gastronomie, in der Sie tagtäglich mit gutem Essen rechnen können. Wenn Ihnen der Zoo auch so gut gefällt wie den meisten Besuchern, denken Sie an die Möglichkeit, einen Geschenkgutschein zu erwerben.

Dies könnte für die nächste Gelegenheit ein individualisiertes Geschenk sein, also eine Idee, die Sie gern im Hinterkopf behalten können. Hier im Zoo können Sie also viel erleben und jeder Aufenthalt lohnt sich, auch öfter, da sich der Zoo natürlich auch immer wieder erneuert!

**Flora** – für Naturfreunde ist der Botanische Garten, die Flora, der Stadt Köln auch immer einen Ausflug wert. Hier können sie mehr als 10.000 Pflanzenarten begutachten, die sich auf verschiedene Themengärten verteilen. Außerdem befinden sich die Pflanzen im Freien oder in Gewächshäusern, also handelt es sich um verschiedene Arten, um die sich jeweils unterschiedlich gekümmert werden muss. Vielleicht können auch Sie sich hier neue Inspirationen holen, die Sie daheim in Ihrem Garten ebenfalls umsetzen wollen beziehungsweise können. Der Botanische Garten hat allgemein eine Fläche, die größer als 11 Hektar ist und sich über die Jahre stetig vergrößert hat. Ein großer Mittelpunkt ist das gleichnamige Fest-Haus, die Flora, das sich ebenfalls in der Gartenlandschaft platziert. Also eine besonders schöne Möglichkeit, einen entspannten und schönen Tag in einer angenehmen Atmosphäre zu verbringen. Aus persönlichen Erfahrungen ist zu sagen, dass der Botanische Garten eine gute Alternative zu dem stressigen Alltag bietet, um seine Sorgen für eine Zeit lang in Vergessenheit zu schicken, um sich an der Natur zu erfreuen und diese einmal in vollen Zügen zu genießen. Außerdem wird einem hier einmal das Wunder Natur bewusst gemacht. Außergewöhnliche Pflanzen werden mit Sicherheit in Erinnerung bleiben.

**Schloss an einer Brücke anbringen** – wer kennt diese alte und romantische Tradition nicht? Um Ihren Aufenthalt zu verewigen, sollten Sie die Möglichkeit nutzen, ein Schloss an einer Brücke anzubringen. Dies kann man in Köln an den verschiedensten Brücken tun, doch typischerweise wird das Schloss an der Hohenzollernbrücke angebracht. An dieser Brücke befinden sich bereits tausende von Schlössern, aber auch für Ihr Schloss wird sich mit Sicherheit noch ein Platz an der Hohenzollernbrücke finden. Hierbei handelt es sich um eine Eisenbahnbrücke, die sich über die Jahre durch mehrere Schienen sehr vergrößert hat, aber auch um Geh- und Radwege ergänzt wurde. Dabei dient sie als ein wichtiger Knotenpunkt im deutschen und europäischen Eisenbahnnetz. Wenn Sie hier einmal den Gehweg nutzen, werden Sie erstaunt sein, wie viele Schlösser sich bereits an der Brücke befinden. Besonders für Paare hat das Anbringen eines Schlosses eine sehr symbolische Funktion. Aber auch Familien können sich hier verewigen. Dazu benötigen Sie lediglich ein gewöhnliches Schloss. Keine Sorge, diese Schlösser können auch vor Ort für wenig Geld erworben und personalisiert eingraviert werden. Die Tradition besagt dann, dass das Schloss an der Brücke angebracht wird und anschließend soll der Schlüssel in das Gewässer unter der Brücke geworfen werden, um die ewige Liebe zu besiegeln. Also eine wunderschöne Möglichkeit, Ihren Köln-Aufenthalt für die Ewigkeit in Erinnerung zu behalten.

**Phantasialand** – das Phantasialand ist von all den Tipps die vermutlich am weitesten entfernte Attraktion. Trotz allem lohnt sich eine Fahrt in den Freizeitpark in Brühl. Er ist etwas mehr als 20 Kilometer vom Kölner Hauptbahnhof entfernt, stellt aber durch die, auch bereits aufgezählten, zahlreichen Verkehrsanbindungen damit jedoch keine wahrscheinlich befürchteten, größeren Probleme dar. Jährlich kann das Phantasialand circa zwei

Millionen Besucher aufweisen. Mit einer Betriebsflä-
che von circa 28 Hektar unterteilt sich der Freizeitpark in sechs verschiedene Themenbereiche. Bei Ihrem Aufenthalt können Sie hier verschiedene Fahrgeschäfte besuchen und spektakuläre Shows bestaunen. Persönliche Erfahrungen sind stets positiv gewesen. Vor allem für Kinder und Teenager bietet der
Park sehr viele Möglichkeiten. Ein absolutes Must-
do und auch nach mehrfachen Besuchen immer wieder ein absolutes Highlight für Groß und Klein. Von
Ende März bis Anfang November können Sie hier das
reguläre Programm des Freizeitparks erleben und in
den Wintermonaten ein spezielles Winterprogramm
für einige Wochen. Also ist es fast egal, wann sie Köln
besuchen, Sie können und sollten einmal definitiv
das Phantasialand live erleben. Für einen mehrtägi-
gen Aufenthalt bietet der Park zudem zwei Themen-
hotels, in denen Sie verpflegt werden und täglich nur
einen kurzen Weg bis in den Park haben. Des Weiteren gibt es Veranstaltungs- und Konferenzräume.
Auch wenn Sie vielleicht einmal das Phantasialand
besuchten, kann man als Tipp mitgeben, trotz allem
den Park erneut zu besuchen, da der Freizeitpark besonders dafür bekannt ist, dass er sich ständig

erneuert, indem er alte Attraktionen abreißt und beispielsweise neue Fahrgeschäfte baut. Also nutzen Sie Ihre Zeit und machen einen Ausflug, um das atemberaubende Erlebnis, zu genießen.

**Kölner Philharmonie** – die Kölner Philharmonie befindet sich direkt im Zentrum der Stadt, quasi neben dem Kölner Hauptbahnhof und dem Dom. Allerdings befindet sich die Philharmonie direkt unter dem Heinrich-Böll-Platz. Dies führt den Nachteil mit sich, dass der Platz vor jedem Konzert abgesperrt werden muss. Sie fragen sich jetzt mit Sicherheit, warum. Der Grund für die Absperrung ist, dass Schritte von Personen oder andere Geräusche auf dem Boden, wie zum Beispiel Koffer, unten im Saal gehört und wahrgenommen werden können. Bei der Philharmonie handelt sich dabei um einen Konzertsaal, der 1986 eröffnet wurde. Er bietet eine unglaubliche Atmosphäre für diverse Konzerte, die dort stattfinden. Zu diesem besonderen Gefühl führt auch das Hausorchester, das bei den meisten Veranstaltungen ebenfalls vertreten ist. Bei diesem Orchester handelt es sich um das Gürzenich-Orchester aus Köln sowie das WDR-Sinfonieorchester. Also nutzen Sie auch hier Ihre Chance und buchen Sie sich ein

Ticket, um ein Teil der besonderen Atmosphäre zu werden. Das Programm bietet ebenfalls eine große Vielfalt, für die verschiedensten Besucher. So wird Musik von der Klassik über Jazz bis zur Popmusik gespielt. Hier ist für jeden mit Sicherheit etwas dabei.

**Aussichtsplattform des KölnTriangle** – eine weitere Möglichkeit, einen Ausblick über die gesamte Stadt zu bekommen, ist die Aussichtsplattform von Köln. Diese hat eine 400 Quadratmeter große Plattform und bietet von der anderen Rheinseite eine atemberaubende Aussicht auf den Kölner Dom und die Innenstadt. Allgemein dient der Turm als Bürogebäude, bietet aber auf seiner 29. Etage, also in über 100 Metern Höhe diese große Plattform, die Sie besuchen können, um verschiedene Sehenswürdigkeiten mal aus einer anderen Perspektive betrachten zu können. Für wenig Geld können Sie hier also eine Wahnsinns-Aussicht genießen. Als kleiner Event-Tipp: Falls sie irgendwann auf der Suche nach einer Location sind, bietet der Turm auch das sogenannte „KölnSKY" an. Hier gibt es exklusive Veranstaltungsräume mit einer großen Fläche. So könnten Sie hier private oder Firmenfeiern buchen oder sogar standesamtlich heiraten.

**Kölner Seilbahn** – eine Fahrt von dem Rheinpark auf der rechten Flussseite zu dem Zoo auf der linken Rheinseite. Diese Möglichkeit haben Sie, wenn Sie sich zwischen März und November in Köln aufhalten. Seit 1957, also über 50 Jahre, bietet die Stadt Köln ihren Besuchern und Einwohnern damit die Möglichkeit, ein eindrucksvolles Panorama der Stadt zu genießen. Die Seilbahn hat 44 Gondeln, in die jeweils 4 Mitfahrer hineinpassen. Tipp: Sie können mithilfe der Gondel verschiedene Ausflüge miteinander verbinden. Als Beispiel könnten Sie am Morgen einen Zoo-Besuch machen und nach der Heimfahrt mit der Gondel noch einmal den Tag mit einem Spaziergang am Rhein abrunden. Sie müssen nur auf die Uhrzeit achten, denn die Seilbahn ist nur von 10 bis 18 Uhr in Betrieb. Dieses Zeitspektrum sollte allerdings für das genannte Ausflugsbeispiel genügen. Ein persönliches Highlight sind allerdings die Sonderfahrten der Seilbahn. So ist eine Fahrt durch die Dunkelheit wärmstens zu empfehlen! Diese Fahrten werden meist nur im Sommer angeboten, verschaffen Ihnen aber eine atemberaubende Ansicht über das erleuchtete Köln im Dunkeln. Und als weiteres Highlight und für mutige Paare bietet die Seilbahn zusätzlich die Möglichkeit, Ihre standesamtliche Hochzeit in einer Gondel durchzuführen. Diese Gondel hat in diesem Fall sogar ein besonderes Aussehen: eine goldene Gondel mit weißen Ornamenten.

**Schiffstour über den Rhein** – neben einem Spaziergang am Rhein gibt es natürlich auch die Möglichkeit, über den Rhein zu fahren. Hier gibt es viele verschiedene Anbieter mit ihren Booten, die sich am Rhein aufhalten. Bei einem netten Spaziergang am Fluss werden Sie mit Sicherheit fündig und können sich für einen der Anbieter entscheiden. Auf dem Boot angekommen, gibt es dann meist verschiedene Aufenthaltsmöglichkeiten. Auf Deck im Freien oder im Inneren des Bootes, wo es wärmer ist. Besonders schön ist es, bei Sonnenschein auf dem Deck zu sitzen und die Aussicht zu genießen. Durch die gute Technik ist es heutzutage bei den meisten Booten möglich, dass Ihnen während der Fahrt Informationen über Dinge gegeben werden, an denen Sie vorbeifahren. Somit müssen Sie nicht alles selbst nachlesen. Eine Schiffsfahrt ist somit eine praktische und großartige Möglichkeit, sehr viel in kurzer Zeit sehen zu können und das auch aus einer anderen Perspektive. Zusätzlich gibt es auf den meisten

Schiffen Verpflegung, die Sie für etwas Geld erwerben können. Aus persönlichen Erfahrungen: wirklich schön und entspannend für einen Ausflug.

**Kölner Moschee** – einmal eine andere Kultur kennenlernen. Auch diese Möglichkeit bietet die Domstadt in Köln durch die Kölner Moschee. Diese befindet sich in Köln-Ehrenfeld. Zwar ist sie noch nicht offiziell eröffnet, dennoch werden bereits Führungen in der Moschee angeboten. Außerdem können schon einzelne Bereiche der Moschee für Gebete genutzt werden. Die anderen Teile, die sich noch nicht in der Teilnutzung befinden, sollen aber auch zeitnah eröffnet werden. Bereits bei der Besichtigung werden Sie bemerken, wie sich die Moschee von unseren römisch-katholischen Kirchen unterscheidet. Es ist definitiv eine andere Kultur, die es wert ist, besichtigt und bestaunt zu werden. Auch von außen sieht die Kölner Moschee bereits sehr prachtvoll aus. So hat sie beispielsweise als Dach eine Kuppel, die aus Glas, Beton und Holz besteht. Diese Kuppel ist bewusst ganz besonders vom Aussehen, da sie durch die spezielle Form Offenheit symbolisieren soll. Also nutzen Sie die Chance, die es erst seit Neuestem in Köln gibt, und tauchen Sie einmal in eine völlig andere Kultur ein, um diese kennenzulernen und sich mit ihr auseinanderzusetzen.

**Stadtführung mit einem Tour-Guide** – eine schöne Möglichkeit, viele schöne Flecken der Stadt an einem Tag kennenzulernen, ist eine professionelle Stadtführung mit einem Tour-Guide. Für diese Führungen gibt es viele verschiedene Anbieter, die diverse Touren mit unterschiedlichen Touren oder Sehenswürdigkeiten anbieten. So gibt es Touren, die zum Beispiel eher den historischen Teil der Domstadt begutachten und im Gegensatz dazu beispielsweise Führungen, die die moderne Architektur von Köln beinhalten. Hier können Sie also frei nach Ihrem persönlichen Geschmack entscheiden, welche Stadtführung Ihnen am meisten gefällt. Wer weiß, vielleicht sind es sogar mehrere und Sie lernen dabei noch viel mehr kennen. Bei einer Führung gibt es einen Tour-Guide, der eine Gruppe durch die Stadt begleitet. Hier kann die Gruppengröße ebenfalls variieren. Wenn sich die Gruppe dann zusammengefunden hat, beginnt die Führung. Dabei wird dann an den geplanten Stationen Halt gemacht und der Tour-Guide wird Ihnen viele verschiedene Informationen zu den jeweiligen Stationen geben, damit Sie einen großartigen Einblick auf viele Sehenswürdigkeiten bekommen. Also eine gute Sache, vor allem, wenn man nur einen kurzen Aufenthalt geplant hat und in dieser Zeit möglichst viel sehen möchte.

**Schlösser Brühl** – in der Stadt Brühl stehen zwei verschiedene Schlösser, die durch einen Schlosspark miteinander verbunden sind. Zum einen gibt es das Schloss Augustusburg und das Jagdschloss Falkenlust. Der Schlosspark ist die bereits genannte Verbindung. Zusammen gehören sie zu den UNESCO-Welterbestätten im Baustil des Barocks und Rokoko. Das Schloss Augustusburg wurde sogar viele Jahre lang von der Bundesregierung und dem Bundespräsidenten als Repräsentationsschloss genutzt. Heute kann es wie das andere Schloss besichtigt werden. Hier können Sie besondere Architektur bestaunen und sich einmal in ein Leben des damaligen Adels hineinfühlen. Einen kurzen Spaziergang entfernt ist das Jagdschloss Falkenlust. Es befindet sich in einem kleinen Wald und lässt sich ebenfalls wunderbar besichtigen und bestaunen. Wenn Sie dabei den Schlosspark Brühl durchqueren, können Sie sich zusätzlich von einem Fontäne-

Becken und vielen Pflanzen begeistern lassen. Es lohnt sich, einen Ausflug in die Schlösser Brühl zu unternehmen, um einen besonderen Eindruck über die damalige Architektur und das Leben des Adels zur damaligen Zeit zu bekommen.

**Rathausbesichtigung** – während Ihres Aufenthalts können Sie ebenfalls das Kölner Rathaus besichtigen. Dieses besteht aus zwei Gebäudeteilen. Dazu zählen das historische Rathaus und der spanische Bau, der dem historischen gegenübersteht. Da das Kölner Rathaus im Zentrum der Innenstadt liegt, werden Sie es mit Sicherheit sehen. Ein besonderes Highlight des Rathauses ist das Rathausglockenspiel. Hierbei läuten 48 Glocken täglich um 9, 12, 15 und 18 Uhr. Also halten Sie, während Sie durch die Innenstadt schlendern, die Augen offen und entdecken Sie das Rathaus. Besonders das Glockenspiel ist auch noch immer für die Einwohner der Domstadt ein Highlight, dass sie immer wieder gern genießen. Für intensivere Auseinandersetzungen mit dem Rathaus können Sie auch Termine für professionelle Führungen buchen. Eine Rathausbesichtigung ist besonders für Personen zu empfehlen, die an der Politik interessiert sind oder einfach mehr Informationen über das Managen einer Großstadt und deren Geschichte haben wollen.

**Brauhausführung** – ein weiterer Tipp für einen gelungenen Aufenthalt in Köln ist eine professionelle Brauhausführung. Denn wie oben genannt, gehören die Brauhäuser mittlerweile auch zu dem festen Bestandteil der Domstadt. Diese Führung darf man sich allerdings nicht so vorstellen, dass man lediglich durch ein Brauhaus geführt wird und dort verschiedene Dinge erklärt bekommt. Man begibt sich mit mehreren Personen auf eine Art Spaziergang durch die Kölner Altstadt und geht dabei in ausgewählte Brauhäuser. Hierbei erfahren Sie allgemein viel über Köln und das Bier „Kölsch". Der Startpunkt ist hierbei stets der Kölner Dom. Täglich werden um 16 Uhr und um 19 Uhr Touren angeboten, die jeweils zwei Stunden dauern. Der Kostenpunkt liegt bei 25 Euro pro Person, inklusive drei Kölsch. Im Anschluss haben Sie garantiert viel Neues gelernt. Dazu zählt unter anderem auch das richtige Trinkverhalten. Wer weiß, vielleicht lernen Sie auf der Brauhausführung auch andere Leute kennen, mit denen Sie im Anschluss der Führung weitere Brauhäuser oder Kneipen besuchen. Vielleicht verschlägt es Sie sogar in „Clubs", wo Sie bis tief in die Nacht feiern werden – vor allem für die Abendgestaltung ein weiteres Highlight.

**SEA LIFE Königswinter** – für Naturfreunde ist das SEA LIFE Königswinter definitiv ein weiterer, wertvoller Tagesausflug während des Besuches in Köln. Es ist eines von acht SEA LIFE-Zentren in ganz Deutschland. Als Besucher werden Sie bei einer Führung durch verschiedene Bereiche geführt. Dabei bekommen Sie 36 Becken und Aquarien gezeigt, die über 120 verschiedene Arten beinhalten. Insgesamt kann das SEA LIFE stolz auf circa 2000 Meeresbewohner blicken, um die sich aber auch tagtäglich gekümmert werden muss. Die verschiedenen Bereiche sind der Gebirgsbach, der den Schweizer Alpen nachempfunden ist; der Rhein mit Nibelungenschatz; das Tor zu Atlantis, Kapitän Nemos Reich, die Tiefen des Atlantiks und das Geisterschiff. Mehr Informationen zu den einzelnen Bereichen werden bewusst nicht verraten, damit für Sie ein Überraschungseffekt und Spannung bestehen bleibt und Sie damit die Dinge selbst entdecken können, ohne etwas vorgegriffen zu bekommen. Also nutzen Sie Ihre Chance und besuchen das SEA LIFE Königswinter, um viel Neues über die Meerestiere und deren Leben zu erfahren.

**Museen** – zu einem klassischen Städtetrip gehört natürlich auch meist ein Museumsbesuch. Dabei handelt es sich bei diesem Tipp nicht um Museen, wie das bereits erwähnte Schokoladen-Museum, sondern eher um Museen, die die Geschichte dokumentieren. So bietet Köln zahlreiche weitere Museen, die Sie während Ihres Aufenthaltes besuchen können. Man kann eigentlich sagen, dass die Domstadt eine Kunstmetropole ist, die jährlich von vielen Besuchern und Künstlern wertgeschätzt und auch besucht wird. So gibt es zahlreiche Galerien; Festivals; Ateliers; Ausstellungen oder sogar internationale Kunstmessen, die jährlich stattfinden. Im Folgenden werden vereinzelte Museen angeführt, die Sie beispielsweise besichtigen könnten. Hierbei handelt es sich um persönliche Empfehlungen, die natürlich nicht jedem gefallen müssen, allerdings bietet Köln noch viele weitere Museen als die hier genannten. Zu empfehlen ist zum Beispiel das *Deutsche Sport & Olympia Museum*. Dieses bietet auf knapp 2000 Quadratmetern über 2500 Jahre Sportgeschichte, die Sie bestaunen können. Als weiteres

Highlight bietet das Museum die Möglichkeit an, auf dem Dach an Attraktionen selbst aktiv teilzunehmen, wie auf Kunstrasenplätzen Tennis, Fußball oder Volleyball zu spielen. Ein weiteres, empfehlenswertes Museum ist das *Museum Ludwig*. Es gehört zu den Klassikern in Köln. Hier können Sie eine umfangreiche Pop Art-Sammlung, eine riesige Picasso-Sammlung, eine Sammlung zum deutschen Expressionismus und eine Sammlung zur Fotografie bestaunen. Mit Sicherheit findet hier jedermann etwas, das ihn begeistern kann. Als letzte persönliche Empfehlung ist das *Karnevalsmuseum* in Köln unbedingt zu erwähnen. Das Museum präsentiert 200 Jahre Karnevals-Geschichte. Einen Ausflug in das Karnevalsmuseum sollten Sie allerdings frühzeitig planen, da dieses Museum lediglich einen Tag im Monat geöffnet hat. Also haben Sie keine Angst vor langweiligen und eintönigen Museumsaufenthalten, denn diese werden Sie in Köln eher nicht auffinden. Hier werden tagtäglich Besucher von verschiedenen Arten an Kunst begeistern, also seien Sie einer der nächsten Besucher, der sich von den Museen beeindrucken lässt.

**Führung durch das Rheinenergiestadion –**

besonders für Fußballfans ist ein interessantes Tagesangebot eine Führung durch das Rheinenergiestadion in Köln. Hierbei handelt es sich um ein Fußballstadion im Kölner Stadtteil Müngersdorf. Es ist das zu Hause des 1. FC Köln, einem sehr bekannten Fußballverein von Deutschland. Für eine Führung müssen Sie circa einen Zeitraum von 75 bis 90 Minuten einplanen. Bei der Führung erhalten Sie Einblicke, die sonst nur beispielsweise Spielern oder Trainern erlaubt sind. So können Sie einmal durch die Katakomben ins Stadion einlaufen, wie es die Fußballspieler vor jedem Spiel machen oder in deren Umkleide stehen und sich alles genauer aus der Nähe angucken. Meist geben die Führer auch viele Insider-Informationen, die Sie wohl meist nirgends im Internet finden werden. Allgemein haben Sie die Möglichkeit, eine private Rundführung mit Ihrer eigenen Gruppe zu buchen, wenn Sie zum Beispiel einen Ausflug mit Ihrer Fußballmannschaft unternehmen. Ansonsten schließen Sie sich mit Ihrer Familie oder Freunden einer größeren Gruppe an und werden mit dieser durch das Stadion geführt. Als Tipp kann man Ihnen mitgeben, dass Sie im Anschluss der Führung ein Andenken im Fan-Shop kaufen können.

Hier bekommen Sie als Besucher einer Führung sogar einen Rabatt. Also nutzen Sie die Chance, auch einmal ein anderes Fußballstadion kennenzulernen.

## TIPPS FÜR DIE ABENDGESTALTUNG

**Kölsch trinken gehen** – ein Klassiker, um einen Abend in Köln zu verbringen, ist, mit Freunden ein Kölsch trinken zu gehen. Dazu gibt es in Köln, wie Sie bereits vermuten können, zahlreiche Angebote und Möglichkeiten. An fast jeder Ecke bietet die Domstadt eine Kneipe oder ein Brauhaus, wo Sie gemütlich einen schönen Abend haben können. Da die Menschen in Köln meist sehr offen sind, knüpft man an solchen Abenden sehr oft neue Kontakte und findet somit neue Bekanntschaften, die sich zu Freundschaften weiterentwickeln können. Aus persönlicher Erfahrung kann man sagen, dass die Leute sehr offen auf einen zukommen und der Abend meist nicht bei einem Kölsch endet. So gibt es oftmals die Möglichkeit, am späteren Abend den Aufenthaltsort in einen Club zu verlegen, um dort nochmals richtig weiterzufeiern. Eigentlich ein Must-do, was bei jedem Köln-Aufenthalt gemacht werden muss. Vielleicht an dieser Stelle als kurze Anmerkung: Den meisten Frauen schmeckt ein Kölsch meist auch besser als das typische Bier, da das Kölsch nicht so einen bitteren Geschmack hat. Also ist dieser Ausflug für jedermann etwas, abgesehen davon, dass man natürlich auch ein anderes Getränk trinken kann.

**Clubs in Köln** – auch das Nachtleben in Köln steht nicht ruhig. So gibt es zahlreiche Nachtclubs, in denen Sie unbesorgt feiern können. Natürlich unterscheidet sich hier für jeden persönlich der individuelle Musikgeschmack und der allgemeine Party-Typ. Also, ob man eher beispielsweise die Tanzfläche stürmen will oder lieber einfach in einer Lounge bei guten Getränken sitzt und feiert. Trotz dieser Unterschiede sollen an dieser Stelle mehrere Möglichkeiten an Clubs aufgezählt werden, damit Sie eine Auswahl angeboten bekommen, wo Sie Ihren Abend oder gar die Nacht verbringen und durchfeiern können. Hierbei handelt es sich um persönliche Empfehlungen, die mit Sicherheit leider nicht jedem Typen gefallen werden. Der erste Vorschlag, einen gelungenen Abend zu haben, ist die *„Klapsmühle"* in Köln. Diese Location bietet Ihnen auf zwei Etagen verschiedene Musikrichtungen, zu denen Sie tanzen und feiern können. Im Erdgeschoss wird für Sie Partymusik, Schlager, 80er-90er-Musik und Fox-Musik gespielt. Im Untergeschoss der Klapsmühle hören Sie meist die aktuellen Charts, House und RnB. Also, wie Sie sehen, gibt es in diesem Club eine sehr große Auswahl an Musik. Hier findet vermutlich jeder die Möglichkeit, einen gelungenen Abend zu verbringen. Eine weitere Empfehlung ist das „Bootshaus". Vielleicht kennen Sie diesen Club unter dem ehemaligen Namen *Warehouse*. Die Location befindet sich im Stadtteil Deutz im Mülheimer Hafen. Der Club bietet drei verschiedene Räume und sogar einen Außenbereich an. Hier werden meist die Musikrichtungen Techno, Dubstep, Electro und Trap gespielt. Daher kann man sagen, dass Sie auch hier einen tollen Abend mit toller Musik erleben können, auch oft bei einem sehr begabten Live-DJ. Zwei weitere Empfehlungen sind zum einen das „Gewölbe" in Köln, das als Nachtclub mit Liveacts und Themenpartys legendäre Partyabende garantiert, und zum anderen der „Club Bahnhof Ehrenfeld". Hier wird Ihnen ein Programm aus Partys, Konzerten, Poetry Slams und vielen anderen Veranstaltungen angeboten. Die vier genannten Clubs sind hierbei nur eine persönliche Empfehlung, denn die Großstadt Köln hat natürlich auch noch zahlreiche andere Clubs zu bieten, die mit Sicherheit auch ein lohnendes Programm für Sie auf die Bühne bringen werden.

**Musical im Musical Dome** – für einen gelungenen Abend bietet es sich zudem an, ein Musical im Kölner Musical Dome zu besuchen. Dieser befindet sich direkt in der Kölner Innenstadt. Direkt darunter bieten sich 60 Parkplätze in einem Parkhaus für Ihr Auto an. In dem großen Bauwerk ist insgesamt Platz für über 1.700 Zuschauer. Der Raum für die Zuschauer gliedert sich dabei in zwei Ebenen, das Parkett und den Balkon. Dabei gibt es folglich unterschiedliche Preisklassen oder -kategorien für ein Ticket. Bei Ihrem Aufenthalt ist dabei nicht nur für Ihre Unterhaltung gesorgt, sondern durch diverse Getränkebars und ein Restaurant auch für eine attraktive Verpflegung. Das Programm im Musical Dome wechselt des Öfteren, sodass an dieser Stelle keine genauen Empfehlungen für Musicals ausgesprochen werden. Allerdings gibt es meist ein Hauptmusical, dass für ein Jahr oder mehrere Jahre hauptsächlich im Musical Dome aufgeführt wird. Neben Musicals gibt es aber natürlich auch zum Beispiel normale Konzerte im Musical Dome. Als Tipp kann Ihnen mitgegeben werden, dass Sie Ihren Trip nach Köln frühzeitig planen sollten, sodass Sie sich gleichzeitig im aktuellen Programmplan informieren können, welches Programm der Musical Dome zu dieser Zeit anbietet. Falls Sie von diesem Programm etwas anspricht, ist persönlich sehr zu empfehlen, Ihr Geld in Tickets zu investieren. Denn dieses Erlebnis ist das Geld definitiv wert und wird Ihnen noch lange in Erinnerung bleiben.

**Lanxess-Arena** – neben Veranstaltungen im Musical Dome bietet Köln viele weitere Angebote in der Lanxess-Arena. Bei dieser Arena handelt es sich um eine Mehrzweckhalle, die im Kölner Stadtteil Deutz liegt. Sie bietet 20.000 Plätze für die Besucher an. Allerdings variiert diese Zahl je nach Veranstaltung. Dies lässt sich damit erklären, dass beispielsweise bei einem Sportevent, wie Eishockey, der untere Bereich der Arena gesperrt ist, da dort in diesem Fall Eishockey gespielt wird, und bei Konzerten der Innenraum der Arena mit Stehplätzen für die Gäste eingeplant ist. Allgemein werden hier Sportveranstaltungen, Konzerte, Musicals, Kongresse und

Tagungen veranstaltet. Zu dem Unterhaltungspro-gramm werden zusätzlich Verpflegungsmöglichkei-ten angeboten und eine Garderobe. Allerdings vari-iert auch in der Lanxess-Arena das Programm, wes-halb Sie selbst nach Ihren Interessen filtern müssen, wenn Sie sich in Köln aufhalten, welche Veranstal-tung Sie besuchen wollen. Auch wenn es sich wie-derholt, ist auch dieses Erlebnis für die meisten Be-sucher und auch aus persönlicher Erfahrung unver-gesslich, da auch die Lanxess-Arena selbst ein abso-lutes Highlight ist.

**Konzert oder Auftritt einer Kölner Band** – ne-ben der allgemeinen Empfehlung, Konzerte, zum Beispiel in der Lanxess-Arena, zu genießen, ist es aus persönlicher Erfahrung an dieser Stelle besonders wichtig zu empfehlen, dass Sie einen Auftritt einer Kölschen Band gucken gehen. Kölsche Bands sind sehr oft besonders zur Zeit des Karnevals unter-wegs, aber auch außerhalb der Session begeistern sie das Publikum mit tollen Stimmungshits. Dabei dürfen Sie die Kölner Lieder nicht mit dem typischen Schlager vergleichen, denn Kölsch ist einfach an-ders! Die Bands nutzen dabei die bereits erwähnte Mundart Kölsch in ihren Liedern und bringen damit ein Gefühl von Heimat und Wohlfühlen in jedes ihrer Lieder und dieses Gefühl kommt auch bei den Zuhörern an. Denn bei jedem Hören fühlt man sich wie ein Teil der großen Gemeinschaft in Köln. Zu den bekanntesten Kölsch-Bands in Köln zählen die Höhner, Brings, Paveier, Kasalla und viele weitere Bands. Vielleicht sagen Ihnen diese Namen etwas oder Sie haben bereits ein Konzert der jeweiligen Band gesehen. Jeder, der sie live erleben darf, beschreibt es als eine unfassbar familiäre Atmosphäre auf dem Konzert, anders als bei normalen Bands. Also nutzen Sie Ihre Chance, wenn Sie in Köln sind und besuchen Sie einen Auftritt. Dafür muss man manchmal sogar nicht in riesige Arenen, denn die Bands unterstützen auch kleinere Locations in Köln und spielen dort, also gibt es für Sie kaum eine Ausrede mehr! Das muss man mal live erlebt haben!

## SAISONALE TIPPS

**Karneval** – eine besondere Tradition in Köln ist der Kölner Karneval. Die fünfte Jahreszeit wird auch gern als Fastnacht, Fasching oder Fastelovend bezeichnet. Gefeiert wird er von verschiedenen Personen unterschiedlich. Angeboten werden dabei meist Sitzungen, Karnevalsumzüge oder das Feiern auf der Straße. Am wichtigsten dabei ist die Verkleidung, denn an Karneval trägt jeder Jeck traditionell ein Kostüm, in dem er dann feiern geht. Um diese närrische Zeit miterleben zu können, müssen Sie zwischen dem 11.11. und dem Rosenmontag einen Aufenthalt in der Domstadt einplanen. Da der Rosenmontag allerdings jedes Jahr individuell auf einen anderen Tag fällt, kann an dieser Stelle kein genaueres Datum genannt werden. Am 11.11. beginnt somit die Fastnacht und wie jedes Jahr wird dieser Tag in Köln besonders groß gefeiert. Ab circa 9 Uhr morgens fangen hier die ersten Jecken zu feiern an. Dabei sind auf den verschiedenen Plätzen Bühnen aufgebaut. Die größte Bühne und somit auch die Hauptbühne platziert sich auf dem Heumarkt. Hier wird um 11:11 Uhr traditionell die Fastnacht eröffnet und mit dem Ausruf „Kölle Alaaf" gestartet. Außerdem wird hier das neue Dreigestirn für die Session gekrönt, aber dazu werden gleich weitere Informationen folgen. Danach treten viele verschiedene Bands auf, um die Menge in Stimmung zu versetzen. Gegen Ende des Programms verteilt sich das Feiern dann in die Kneipen und Clubs von Köln. Also wäre dieser Tag eine Chance für Sie, den traditionellen Kölner Karneval einmal live zu erleben. Doch das ist nicht die einzige Möglichkeit, die sich dafür anbietet. Viele verschiedene Karnevalsvereine haben sich vor Jahrzehnten gegründet und bereiten Jahr für Jahr ein atemberaubendes Programm für ihre Gäste. Dazu zählen nicht nur Musikauftritte, sondern auch Garde- und Showtänze sowie die verschiedensten Büttenreden, die auf der Bühne Platz finden und für die die Aktiven das ganze Jahr über geprobt haben. An diesen Terminen spielt auch wieder das Kölner Dreigestirn eine wichtige Rolle. Für diejenigen, die nicht wissen, was das Dreigestirn ist, soll an dieser Stelle eine kurze Erklärung angeschnitten werden, wobei es sich bei dem Dreigestirn handelt. Über die närrische Zeit sind sie die offiziellen Regenten über das Volk. Jedes Jahr wird dafür jeweils ein Prinz, ein Bauer und eine Jungfrau bestimmt. Dieses Ritual besteht bereits seit 1870. Die Jungfrau wird an dieser Stelle aber auch von einem Mann vertreten. Des Weiteren gibt es seit 1965 neben dem normalen Dreigestirn ein Kölner Kinderdreigestirn. All diese Bemühungen können Sie auf den prunkvollen Kappensitzungen der Kölner bestaunen und genießen. Dafür sollten Sie zwischen Januar und Februar die Stadt besuchen, da in diesem Zeitraum die meisten Sitzungen stattfinden werden. Der nächste Highlight-Tag ist vor allem Weiberfastnacht. Auch an diesem Tag beginnt um 11:11 Uhr der Straßenkarneval. Eine besonders amüsante Tradition an diesem Tag ist, dass die Frauen den Männern die Krawatte abschneiden sollen. Wie man bereits am Namen erkennen konnte, soll Weiberfastnacht der Tag der Frau sein. Also auch wieder eine wunderbare Möglichkeit, den Kölner Karneval kennenzulernen. Ab diesem Donnerstag ist jeden Tag sehr viel los in der närrischen Domstadt. Denn über die nächsten Tage finden noch viele weitere Sitzungen statt und verschiedene andere Traditionen. Das letzte und auch persönliche Highlight ist der Rosenmontag. An diesem Tag zieht der große Rosenmontagsumzug durch die Kölner Straßen. Hier ziehen viele verschiedene

Gruppen mit Wagen durch die Stadt. Dabei sind nicht nur interessante Wagen für die Kinder dabei, die zum Beispiel viele Süßigkeiten aufsammeln können, sondern auch für die Erwachsenen, denn oftmals werden beispielsweise auch politische Themen aufgegriffen, die ironisch dargestellt werden. Wenn Sie also den Karneval kennenlernen wollen, fahren Sie über dieses Wochenende nach Köln und sammeln Sie dabei zusätzlich noch leckere Süßigkeiten während des Umzuges. Wie man nämlich weiß, ist am Aschermittwoch alles vorbei. Somit geht die närrische Zeit vom 11.11. bis zum Aschermittwoch, also eine große Zeitspanne, in der Sie Köln und den Karneval näher kennenlernen können. Nach Aschermittwoch beginnt dann offiziell die Fastenzeit und die Vorbereitung auf Ostern und alle Jecken warten sehnsüchtig auf das nächste Mal „Kölle Alaaf" mit der fünften Jahreszeit.

**Weihnachtsmarkt** – besonders zu der Weihnachtszeit bietet Köln mehrere Weihnachtsmärkte, um Sie in die Weihnachtsstimmung zu versetzen. Der größte Markt befindet sich dabei direkt vorm Kölner Dom. Diese Location verändert die Kulisse, nach persönlichem Empfinden, noch einmal stark ins Positive. Bei einem Glühwein mit Freunden oder der Familie die Winterzeit starten zu lassen und im Hintergrund der ganzen Buden den Kölner Dom bestaunen zu können – ein magischer Moment. Circa vier Millionen Menschen besuchen jährlich den Weihnachtsmarkt in Köln, eine wahnsinnige Zahl! Neben den zahlreichen Buden gibt es auch eine große Bühne, auf der täglich anderes Programm stattfindet, wie Chöre, die Weihnachtslieder für die Besucher zu ihrem Besten geben. Neben der Bühne steht dann zusätzlich noch ein riesiger Christbaum, der mit seinen knapp 25 Metern noch mit vielen Lichtern beschmückt und beleuchtet ist. Bei einem Besuch bieten sich Ihnen jährlich um die 150 Buden und Stände mit den verschiedensten Angeboten an. Hier finden auch die letzten Geschenkesucher durch die sehr große Auswahl immer wieder besondere Geschenke für ihre Liebsten. Ob Tee, Kerzen, Mützen, handgemachte Dinge oder vieles mehr, hier wird mit Sicherheit jeder fündig. Auch beim Essen und Trinken wird Ihnen eine große Auswahl angeboten. So gibt es neben den Klassikern, wie zum Beispiel Crêpe, Pommes, Reibekuchen, Dom Spekulatius und Flammkuchen, auch besondere

Essensstände, die sich auf kleinen Weihnachtsmärkten eher nicht befinden. Dazu zählt beispielsweise ein Fondue- oder Raclette-Stand. Auch bei den Getränken gibt es neben Glühwein und Glühpunsch Besonderheiten wie Kölsch, weihnachtliche Biergetränke oder Lillet-Stände, die ihr Getränk auch in Weihnachtseditionen anbieten. Neben all diesen Angeboten gibt es für die Kleinen auch ein Kasperletheater oder ein Karussell, auf dem die Kinder auch immer sehr glücklich und zufrieden sind. In Köln sind die bekanntesten Weihnachtsmärkte am Kölner Dom, auf dem Neumarkt, in der Altstadt und auf dem Rudolfplatz. Doch es gibt noch viele weitere Weihnachtsmärkte, die man in Köln besuchen kann. Ein persönliches Highlight im Leben, das man auf jeden Fall gemacht haben muss. Also wagen auch Sie einen Ausflug nach Köln in der Weihnachtszeit und besuchen Sie die verschiedenen Weihnachtsmärkte, denn diese werden sich allein von der Größenordnung von den Ihnen bekannten Märkten sehr unterschieden. Der Besuch des Weihnachtsmarktes lässt sich auch mit einem Stadtbummel verbinden oder dem Essengehen in ein Restaurant. Verbringen Sie Ihre Zeit in Köln, wie Sie es planen, aber in der

Weihnachtszeit sollte ein Besuch auf dem Weihnachtsmarkt auf jeden Fall ein Ziel werden und sein.

**Fußballspiel gucken gehen** – einmal den 1. FC Köln live beim Fußballspielen anfeuern. Im Rheinenergiestadion sitzen, die Fanmeile des rot-weißen Fußballclubs zu erleben und ein Fußballspiel aus nächster Nähe mitzubekommen und nicht nur über den Fernseher daheim: Das ist definitiv ein anderes und besonderes Feeling, das jeder einmal erlebt haben sollte. Der 1. FC Köln hat über 111.000 Mitglieder und ist damit unter anderem der sechstgrößte Sportverein in ganz Deutschland. Der Verein hat heute gute Zahlen vorzuweisen, wie dreimal Deutscher Meister und viermal DFB-Pokalsieger gewesen zu sein. Allerdings gilt es hier zu beachten, wann die Spiele stattfinden, also informieren Sie sich vor Ihrem Aufenthalt in Köln darüber, wann verschiedene Spiele stattfinden. Falls Sie ein wenig großer Fan von Männerfußball sind, hat Köln natürlich auch eine Frauenfußballmannschaft, die Sie ebenfalls bei einem Spiel anfeuern können. Also ist auch hier erneut für jeden etwas dabei. Für Fußballfans sollte es an dieser Stelle von Bedeutung sein, ein Fußballspiel in Köln zu besuchen, um somit auch einmal andere

Vereine und deren Stadion kennenzulernen und vielleicht nicht nur die Mannschaft, die man immer wieder anfeuern geht. Die Stimmung im Stadion wird Ihnen beweisen, dass es das Geld für das Ticket definitiv wert war, also worauf warten?

**Jeck im Sunnesching** – für die Kölsch-Fans unter Ihnen bietet Jeck im Sunnesching eine prächtige Stimmung als ein besonders und modernes Sommer-Festival. Das Fest findet in Köln und in Bonn statt. Aber die wahren Köln- und Kölsch-Fans wollen natürlich auch ein Teil des Festivals in Köln sein. In Köln wird das „jeckste" Fest im Kölner Jugendpark gefeiert. Dieser liegt direkt am Rheinufer und bietet Platz für circa 12.000 Jecken, die zu den Top-Hits der spielenden Bands feiern. Die feiernde Masse bejubelt dabei meist die Bands: Kasalla, Brings, Cat Ballou, Querbeat, Miljö, Lupo, Planschemalöör oder Fiasko. Doch neben all den bekannten Bands gibt es zusätzlich noch weitere Bands und Einzelkünstler, die gute Stimmung vermitteln werden. Dabei gibt es außerdem einen Moderator, der sie durch das Programm führt und zwischen den einzelnen Auftritten spielt ein Live-DJ noch zusätzliche Musik. Einlass für Jeck im Sunnesching ist meist früh am Morgen,

66|TIPPS UND TRICKS FÜR IHREN AUFENTHALT

gegen 10 Uhr, und das Veranstaltungsende liegt bei circa 20 Uhr am Abend. Somit gibt es genügend Zeit für Sie und Ihre Freunde, ausgiebig und ausgelassen zu feiern. Denn beim Festival lernen Sie mit Sicherheit zahlreiche neue Bekannte kennen, die mit Ihnen singen und glücklich feiern werden. Für den Einlass müssen Sie lediglich 16 Jahre alt sein und ein Ticket im Vorverkauf erworben haben. Für diese unvergesslichen Momente, an die man sich noch lange zurückerinnern wird, gibt es natürlich auch besondere Tickets, die den Aufenthalt vergünstigen. So können Sie mit fünf Jecken oder zehn Jecken anreisen, was Ihre Tickets vergünstigen wird. Außerdem gibt es VIP-Karten, die Ihnen weitere Vorteile bieten. Allerdings müssen Sie hier schnell sein. Denn alle Tickets für Köln, aber auch für Bonn, sind sehr schnell ausverkauft, da die Nachfrage sehr groß ist. Kein Wunder, denn wer stellt es sich nicht schön vor, auf einer 30.000 Quadratmeter großen Wiese mitten in einer Großstadt, bei Sonnenschein, zu Kölsch-Musik zu feiern. Da das Festival meist im August stattfindet, ist es auch oft sehr warm und bietet eine klasse Festival-Atmosphäre. Auf dem Festivalgelände gibt es zusätzlich viele Verpflegungsmöglichkeiten. Getränke, wie frisch gezapftes Kölsch und vieles weitere, erfrischen Ihren Aufenthalt. Auch Gegenmittel für den kleinen und großen Hunger sind garantiert. Also keine Ausreden, denn Jeck im Sunnesching ist ein Festival, das für Köln-Fans ein wichtiges Ereignis ist, das jeder einmal erlebt haben muss. Auch persönlich kann dieses Fest empfohlen werden, da die Stimmung unbeschreiblich ist und die Gänsehautmomente, wenn tausende Menschen, Kölner Lieder miteinander singen, wirklich unvergesslich sind und Ihnen für immer im Gedächtnis bleiben werden.

**ColognePride** – Der ColognePride findet jährlich zwei Wochen lang in Köln statt. Dabei handelt es sich um eine Veranstaltung, die vor allem für die Rechte von Gruppen kämpfen, die leider noch immer nicht von jedem in der Gesellschaft vollständig akzeptiert werden. Darunter zählen beispielsweise Schwule, Lesben, Bisexuelle und Transgender. Der Veranstalter ist seit 1991 der Kölner Lesben- und Schwulentag e.V. Bei der Veranstaltung soll der Gesellschaft noch einmal bewusst gemacht werden, dass es sich auch bei diesen Menschen um normale Menschen, wie Sie, handelt. Hieran erkennt man auch noch einmal den Charakter der meisten Kölner, denn hier ist jeder gleich viel wert und wird gleich behandelt. Ein besonderes Highlight des Cologne-Pride ist das Christopher-Street-Day-Straßenfest. Dieses findet am ersten Juli-Wochenende drei Tage lang statt. Hierbei führt sogar am letzten Tag, also sonntags, eine Demonstrationsparade durch die Innenstadt. Von außen und auch von innen betrachtet ist dieses Fest sehr schön, da eine besondere und wichtige Message verbreitet wird. Das Gemeinschaftsgefühl wird hier ganz großgeschrieben. Es ist daher besonders interessant, ein Teil davon zu sein oder sich das Ganze auch einmal von außen zu betrachten. Für dieses Ereignis müssen Sie also einen Aufenthalt zwischen Ende Juni bis Anfang Juli einplanen.

# Schlusswort – Kölle geht immer

K öln – an dieser Stelle ist zu hoffen, dass Sie
nun auf Ihren Aufenthalt gut vorbereitet
sind und Sie daher auch manche Tipps mit
auf Ihre Reise nehmen werden. Die große Domstadt
wartet auf Sie und freut sich immer wieder über
neue Gäste, die Köln besichtigen und kennenlernen
wollen. Seien Sie sicher, dass Sie hier mehr als herzlich willkommen geheißen werden. An dieser Stelle
ist auch zu hoffen, dass Ihre Erwartungen an den
Reiseführer erfüllt worden sind. Wagen Sie es also

70|SCHLUSSWORT – KÖLLE GEHT IMMER

und machen Sie sich schon bald oder in nächster Zeit auf den Weg in die über 2.000 Jahre alte Domstadt. Städtereisen gehören heute zu einer beliebten Reise, da man sich hier viel Neues ansehen und dabei meist zeitgleich etwas lernen kann. Genau das wartet auch in Köln auf Sie. Köln wird Ihnen ein anderes Stadtbild bieten als beispielsweise andere Großstädte. Wie Sie erfahren haben, gibt es auch genügend Verkehrsanbindungen beziehungsweise Möglichkeiten, mit denen Sie an- und abreisen können, aber mit denen Sie auch während Ihrer Reise von Ort zu Ort kommen. Dasselbe gilt bezüglich der möglichen Unterkünfte für Ihren Aufenthalt. Wichtig ist es aber auch hier, wie bei jeder Reise, dass man nicht jeden Ausflug spontan planen kann. Natürlich kann man spontan ein Museum besuchen gehen oder eine Shoppingtour durch die Innenstadt machen. Allerdings sollte man sich für Tickets, zum Beispiel für ein Fußballspiel sowie für Musicals und Konzerte, frühzeitig bemühen, damit die Veranstaltung dann nicht ausverkauft ist.

Nach Ihrer Reise nach Köln wird auch Ihnen mit Sicherheit bewusst, dass Köln immer wieder eine Reise wert ist. Aus persönlicher Erfahrung kann man zumindest sagen, dass sich die Domstadt auch super für einen Wochenendtrip anbietet oder aber auch nur für einen Tagesausflug, da einem die Reise durch die guten Verkehrsanbindungen klar erleichtert wird.

Genießen Sie also Ihren baldigen Aufenthalt in der wunderschönen Stadt Köln, mit seinen Menschen, Attraktionen und Sehenswürdigkeiten. Und vergessen Sie nicht die zahlreichen Tipps, die Ihnen hier mit auf den Weg gegeben wurden, da Sie Ihnen garantiert und mit Sicherheit großartige Erlebnisse mitgeben, auf die Sie allein wahrscheinlich nicht gekommen wären.

Herstellung und Verlag:

BoD – Books on Demand, Norderstedt

ISBN: 9783751957373

© Ida Neuberg 2020

1. Auflage

Kontakt: Psiana eCom UG/ Berumer Str. 44/ 26844 Jemgum

Covergestaltung: Fenna Larsson

Coverfoto: depositphotos.com